마법한글딱지

5 미술관에서 복잡한 모음을 확실히 구별하다!

글·그림 재미씨

재미씨

감수의 글

헷갈리는 복잡한 모음을 그림으로 쉽게 기억하는 책!

어느 것이 맞을까요? ① 베게 ② 베개 ③ 배개 ④배게

올바른 쓰기는 ㅔ, ㅐ 모음을 차례로 쓴 '베개'입니다. 이처럼 복잡한 모음은 쓰기를 할 때 가장 많이 헷갈리는 글자입니다. 'ㅐ, ㅔ / ㅒ, ㅖ / ㅙ, ㅚ, ㅞ' 처럼 발음은 거의 같지만 낱말에 따라 복잡한 모음을 잘 구별해서 써야 하기 때문입니다. 그래서 복잡한 모음은 글자를 배우는 것과 함께 맞춤법을 공부해야 합니다. 이 책은 아이들의 눈높이에 맞춰 헷갈리는 복잡한 모음을 그림으로 쉽게 배우도록 하였습니다.

대한민국 대표 한글 학습만화『마법한글딱지』만의 기발하고 탄탄한 교육적 특징이 2가지 있습니다. 첫째, 복잡한 모음이 같은 낱말끼리 묶어 하나의 작품으로 시각화해서 배웁니다. 예를 들어, ㅐ 모음을 가진 '배, 해, 고래, 새우' 낱말을 하나의 그림과 이야기로 기억하고 ㅔ 모음을 가진 '게, 그네, 세모, 네모' 낱말을 하나의 그림과 이야기로 기억하는 것입니다. 애써서 외우지 않아도 각 그림을 머릿속에 떠올리면 헷갈리는 복잡한 모음이 뚜렷하게 구분됩니다. 둘째, 비슷한 소리의 복잡한 모음끼리 묶어서 배웁니다. 이렇게 배우면 발음의 미세한 차이를 정확히 알게 되고 복잡한 모음을 빨리 배우게 됩니다. '개, 게'처럼 소리가 비슷하다는 것을 알고 낱말에 맞게 쓰는 것에 집중하기 때문입니다.

『마법한글딱지』는 이야기 속에 복잡한 모음 글자를 읽는 모든 원리를 담았습니다. 그래서 아이들은 만화를 읽는 재미에 공부인 줄 모르고 자연스레 복잡한 모음을 배우게 됩니다. 모든 아이들이 헷갈리는 복잡한 모음을 쉽고 재미있게 배울 수 있도록 마음과 정성을 다해 집필하였습니다.

재미씨 교육연구소장

애니메이션을 보는 방법

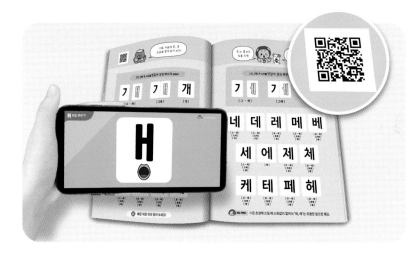

① 가 보이면 스마트 기기로 QR 코드를 비추세요.
복잡한 모음 발음 방법과 글자 읽는 원리를 애니메이션
으로 볼 수 있어요!

② 복잡한 모음 글자 읽는 방법 바로 보기

ㅐ, ㅔ	ㅒ, ㅖ	ㅙ, ㅚ, ㅞ	ㅘ, ㅝ	ㅟ, ㅢ
p.20 p.21	p.44 p.45	p.70 p.71 p.72	p.100 p.101	p.124 p.125

이 책을 읽는 방법

1. 하루에 한 개씩 읽어요.

아이의 상황에 맞게 더 빠르거나, 더 천천히 읽어 주세요.

1일	2일	3일	4일	5일
ㅐ, ㅔ	ㅐ, ㅔ	ㅙ, ㅚ, ㅞ	ㅘ, ㅝ	ㅟ, ㅢ

2. 시각화된 그림을 통째로 기억해요.

ㅐ 모음 낱말

이 책은 특허 받은 책이에요.

복잡한 모음이 같은 낱말을 한데 묶어 미술 작품으로 시각화하여 배워요. 그림과 이야기로 기억하기 때문에 오래 기억에 남아요.

눈을 감고 그림을 떠올리며 복잡한 모음 낱말을 말해 보도록 지도해 주세요.

3. 비슷한 소리의 모음끼리 묶어 배워요.

ㅐ	ㅔ
개	게
내	네
대	데

ㅐ	ㅖ
개	계
내	녜
대	뎨

비슷한 소리의 모음끼리 묶어 배우면 발음의 미세한 차이를 알게 돼요.

소리가 비슷하다는 것을 알고 낱말에 맞게 쓰는 것에 집중하기 때문에 복잡한 모음 글자를 빨리 떼게 됩니다.

4. 발음하는 방법과 읽는 원리를 배워요.

이 책은 복잡한 모음의 올바른 발음 방법과 읽는 원리를 상세하게 가르쳐 줘요. QR 코드를 비추면 애니메이션으로도 배울 수 있어요. 전문 성우의 정확한 발음을 들으며 여러 번 따라 읽어 보세요.

ㅣ→ㅔ→ㅐ 차례대로 소리 내어 보면 입이 점점 크게 벌어지며 발음된다는 것을 쉽게 알 수 있어!

5. 메타인지 문제로 실력을 점검해요.

<애국가> 작품의 달라진 부분은?

퀴즈가 나오면 혼자서 풀어 보도록 해 주세요. 모르는 글자와 아는 글자를 확실히 구별할 수 있게 됩니다. 헷갈리는 복잡한 모음을 찾아 완전히 기억할 수 있어요.

등장인물 소개

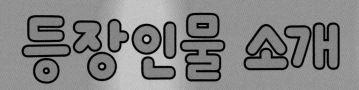

예술가

ㅐ, ㅖ 를 주제로 한
작품을 만드는 예술가

풍이

글자를 배우기 위해서라면
무엇이든지 용감하게 도전
하는 꼬마곰. 마늘과 쑥을
먹고 머리카락이 생겼어요.

워리

풍이 곁을 든든하게 지키며
복잡한 모음을 떼도록 도와
주는 3년 차 서당개.
3년 개근상으로 받은 목걸이를
소중하게 생각해요.

원숭이

ㅘ, ㅝ 박물관의 다양한 전시품을 설명해 주는 해설사 원숭이

펭귄

ㅟ, ㅢ 낱말들을 속속들이 알고 있는 궁궐 지키미 펭귄

회장

회의도 잘 진행하지만 장난도 잘 치는 ㅙ, ㅚ, ㅞ 야외 전시장의 회장

앵무새

ㅐ, ㅔ 소리를 확실히 구분해서 알려 주는 알록달록 앵무새

차례

이 **배**는 없어지고!

대신 풍이 **배**가
볼록 나왔으니까!

오~ 예리한데?

맞아! 복잡한 모음은
예리해야 잘 쓸 수 있거든.

자 그럼, 미술관 견학을
시작해 볼까?

좋아! 좋아!

맞아, ㅐ, ㅔ는 소리가 거의 비슷해!

ㅐ, ㅔ

하지만, ㅐ, ㅔ 척척박사인 내가 두 소리의 미세한 차이를 알려 줄게.

ㅔ

ㅐ

ㅔ는 ㅣ보다 입을 크게 벌려 소리를 내고

ㅐ는 ㅔ보다 입을 크게 벌려 소리를 내!

구별해서 발음하려니 어려워….

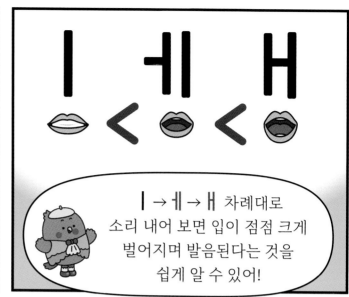

ㅣ → ㅔ → ㅐ 차례대로 소리 내어 보면 입이 점점 크게 벌어지며 발음된다는 것을 쉽게 알 수 있어!

복잡한 모음은 미세한 소리의 차이에 집중하기보다는 낱말에 따라 ㅐ, ㅔ 모음을 잘 구별해서 쓰는 게 중요해! 위의 **개**와 **게**처럼!

그럼, 자음에 ㅐ, ㅔ 모음을 합쳐 읽어 보자!

[그], [애] 두 소리를 번갈아 점점 빠르게 말해요!

ㄱ ㅐ	ㄱ ㅐ	개
[그 - 애]	[그애]	[개]

내	대	래	매	배
[느 - 애] [느애] [내]	[드 - 애] [드애] [대]	[르 - 애] [르애] [래]	[므 - 애] [므애] [매]	[브 - 애] [브애] [배]

새	애	재	채
[스 - 애] [스애] [새]	[애]	[즈 - 애] [즈애] [재]	[츠 - 애] [츠애] [채]

캐	태	패	해
[크 - 애] [크애] [캐]	[트 - 애] [트애] [태]	[프 - 애] [프애] [패]	[흐 - 애] [흐애] [해]

 배운 대로 따라 읽어 보세요!

ㅐ는 ㅔ보다
입을 크게!

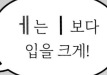
ㅔ는 ㅣ보다
입을 크게!

[그], [에] 두 소리를 **번갈아 점점 빠르게** 말해요!

ㄱ ㅔ   ㄱ ㅔ   게

[그 - 에]   [그에]   [게]

네   데   레   메   베

[느 - 에]   [드 - 에]   [르 - 에]   [므 - 에]   [브 - 에]
[느에]   [드에]   [르에]   [므에]   [브에]
[네]   [데]   [레]   [메]   [베]

세   에   제   체

[스 - 에]   [에]   [즈 - 에]   [츠 - 에]
[스에]   [즈에]   [츠에]
[세]   [제]   [체]

케   테   페   헤

[크 - 에]   [트 - 에]   [프 - 에]   [흐 - 에]
[크에]   [트에]   [프에]   [흐에]
[케]   [테]   [페]   [헤]

 지도 가이드   ㅇ은 초성에 쓰일 때 소릿값이 없어서 '애, 에'는 모음만 읽으면 돼요.

21

ㅐ 모음이 들어간 낱말

 해

 배

 비행기

 무지개

 백두산

 태극기

 찌개 냄비

 책

 해바라기

 매미

 개구리

 참새

 개미

 고래

 새우

 해마

복잡한 모음은
그림과 낱말을 함께 보며
익히는 게 가장 좋아!

ㅔ 모음이 들어간 낱말

그네

게

발레

체조

테니스

금메달

레슬링

카메라

네모

세모

레몬

텔레비전

너무 **스트레스** 받지 마.

쉽게 외울 수 있는 특별한 방법이 있어.

그게 뭔데?

미술 작품으로 구별해서 외우는 거야! 지금 시작해 볼게.

첫 번째!
ㅐ 낱말로 그려진 작품을 소개할게.
작품 제목은 '애국가'

**작품
설명**

해가 떠오르는 **동해** 바다에는
배가 떠 있고 하늘에는 **비행기**가 날고 있어.

무지개가 걸쳐 있는 **백두산**에는
자랑스러운 **태극기**가 휘날리고 있어.
찌개 냄비를 뒤집어 쓴 **개**가 **책** 옆에 서서
애국가를 지휘하고

숲에서는 **해바라기** 잎에 앉은 **매미**가!
땅에서는 **개구리, 참새, 개미**가!
바다에서는 **고래, 새우, 해마**가!

함께 **애국가**를 **노래**하고 있는 작품이야.

우와, 작품으로
기억하니깐 쉬워!

동해물과
백두산이
~♪

🌼 뒷장을 넘기기 전에 그림을 보며 어떤 작품인지 다시 설명해 보세요. ㅐ 낱말을 더 오래 기억하게 돼요. 🌼

두 번째!
ㅔ 낱말로 그려진 작품을 소개할게.
작품 제목은 ' **에너지** '

작품 설명

신나게 **그네**를 타는 **게** 아래로
에너지 넘치는 선수들의 모습이 보여.

우아하게 **발레**를 하는 **발레리나**!
공을 높이 던져 올린 **체조** 선수!

경기 중인 **테니스** 선수
그리고 **금메달**을 딴 **레슬링** 선수가
카메라로 기념 촬영을 하고 있어.

경기장 밖에서는 **네모**와 **세모**가
레몬을 먹으면서 **텔레비전**을 통해
선수들을 응원하고 있는 작품이야.

모두 **에너지**가 넘쳐 보이지!
전부 기억할 수 있겠어?

당연하지!
작품으로 기억하니까
다 기억이 나!

그럼 바로
달라진 그림 찾기
과제 시~~작!

에너지

<애국가> 작품의 달라진 부분 4군데

태극기 → 텐트

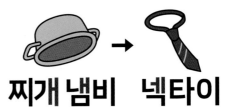

찌개 냄비 → 넥타이

책 → 케이크

개구리 → 메뚜기

<에너지> 작품의 달라진 부분 4군데

게 → 가재

금메달 → 태극기

테니스 → 배드민턴

세모 → 조개

들어가자
워리야!

ㅒ, ㅖ

느낌
받았어!

휙!

좋아!
완전 **예술**이야!

와~ 되게
멋져요!

♪

화들짝!

깜짝이야!
누구세요?

저는 풍이!

저는 워리예요!

반갑구나, ㅐ,ㅔ 전시관에 온 걸 환영한다!

난 ㅐ,ㅔ 작품을 만드는 **예술가**란다.

예술가

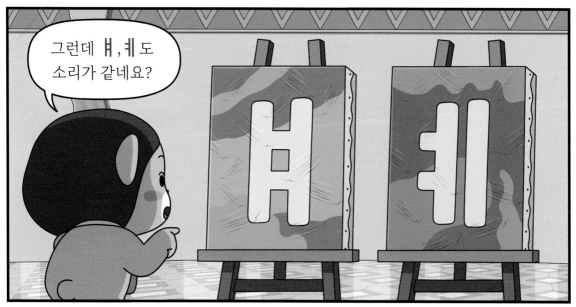

그런데 ㅐ,ㅔ도 소리가 같네요?

41

ㅣ+ㅐ→ㅒ
ㅣ+ㅔ→ㅖ
좀 어렵지?

ㅒ > ㅖ

그래서 'ㅒ는 ㅖ보다
입을 크게 벌려 발음한다.'
라고 기억하면 쉬워!

음… 소리는 거의 비슷하니 낱말에 따라
ㅒ, ㅖ 모음을 잘 구별해서 쓰는 게 중요하겠죠?

① ② ④
ㅒ
③

① ③ ④
ㅖ
②

맞아!
오, 제법인데?

이 정도야
기본이죠~

우쭐~
우쭐~

좋아, 느낌 왔어!
그럼 시작해 볼까!

그럼, 자음에 ㅒ, ㅖ 모음을 합쳐 읽어 보자!

[그], [애] 두 소리를 번갈아 점점 빠르게 말해요!

ㄱ ㅒ   ㄱ ㅒ   걔

[그 - 애]   [그애]   [걔]

내	대	럐	먜	배
[느 - 애]	[드 - 애]	[르 - 애]	[므 - 애]	[브 - 애]
[느애]	[드애]	[르애]	[므애]	[브애]
[내]	[대]	[럐]	[먜]	[배]

섀	얘	쟤	챼
[스 - 애]	[얘]	[즈 - 애]	[츠 - 애]
[스애]		[즈애]	[츠애]
[섀]		[쟤]	[챼]

컈	턔	퍠	햬
[크 - 애]	[트 - 애]	[프 - 애]	[흐 - 애]
[크애]	[트애]	[프애]	[흐애]
[컈]	[턔]	[퍠]	[햬]

배운 대로 따라 읽어 보세요!

ㅖ는 ㅣ와 ㅐ를 합쳐서!

ㅔ는 ㅣ와 ㅔ를 합쳐서!

[그], [예] 두 소리를 **번갈아 점점 빠르게** 말해요!

ㄱ ㅖ
[그 – 예]

ㄱ ㅖ
[그예]

계
[계]

녜
[느 – 예]
[느예]
[녜]

뎨
[드 – 예]
[드예]
[뎨]

례
[르 – 예]
[르예]
[례]

몌
[므 – 예]
[므예]
[몌]

볘
[브 – 예]
[브예]
[볘]

셰
[스 – 예]
[스예]
[셰]

예
[예]

졔
[즈 – 예]
[즈예]
[졔]

쳬
[츠 – 예]
[츠예]
[쳬]

켸
[크 – 예]
[크예]
[켸]

톄
[트 – 예]
[트예]
[톄]

폐
[프 – 예]
[프예]
[폐]

혜
[흐 – 예]
[흐예]
[혜]

 지도 가이드   ㅇ은 초성에 쓰일 때 소릿값이 없어서 '얘, 예'는 모음만 읽으면 돼요.   45

이번에는 ㅐ, ㅖ 모음이 들어간 낱말을 알아 볼까?

ㅐ는 주로 줄어든 말(준말)을 표현할 때 쓰여.

ㅐ 모음이 들어간 낱말

얘기책은
이야기책의 준말

얘기는
이야기의 준말

얘들은
이 아이들의 준말

얘는
이 아이의 준말

쟤는
저 아이의 준말

걔는
그 아이의 준말

ㅖ 모음이 들어간 낱말

옛날

계곡

예식장

예술가

식혜

계산기

혜택

온도계

예방주사

첫 번째!
ㅐ 낱말로 그려진 작품을 소개할게.
작품 제목은 ' **얘기꾼** '

작품
설명

얘기책을 든 **얘기꾼**이
의자에 앉은 이 아이들에게

"**얘**들아! 내가 **얘**와 **쟤**와 **걔**에게
읽어주었던 재미있는
얘기를 들려 줄게!"
라고 말하고 있는 작품이야.

워리야, 우리도 이따가
재미있는 **얘기** 많이 하자!

좋아!

얘기꾼

두 번째!
ㅖ 낱말로 그려진 작품을 소개할게.
작품 제목은 ' **옛날이야기** '

작품 설명

옛날에 **계곡**이 보이는
예식장에서 **예술가**와 **예쁜** 신부가
결혼식을 올리는 모습이야.

예식장 앞에서는
식혜를 파는 아주머니가 **계산기**를 들고
"**식혜** 사세요~ 한 그릇 사면,
한 그릇이 공짜!" 라는 **혜택**을

온도계와 **예방주사**가 보이는 병원까지
들리도록 크게 외치고 있는 작품이야.

이번 과제는 달라진 그림 찾기가 아니고
달라진 글자를 찾아야 해! 자신 있지?

당연하죠!

옛날이야기

계곡

예식장

계산기

예술가

식혜

온도계

혜택

예방주사

1+1

520

뒷장을 넘기기 전에 그림을 보며 어떤 작품인지 다시 설명해 보세요. 퀘 낱말을 더 오래 기억하게 돼요.

51

얘기꾼 작품을 떠올리며
달라진 글자를 3개씩 찾아 ⊙하세요.

제

계

예기꾼

애

얘기책

얘들

52

옛날이야기 작품을 떠올리며
달라진 글자를 3개씩 찾아 ⭕하세요.

옛날이야기

개곡

예식장

계산기

예술가

식해

온도계

혜택

애방주사

53

얘기꾼 작품의 달라진 글자 3개

재 → 제   걔 → 계

얘기꾼 → 예기꾼

옛날이야기 작품의 달라진 글자 3개

계곡 → 걔곡　식혜 → 식해

예방주사 → 얘방주사

과제 성공!

뺌빠라 밤!

미술 작품으로 배우는 ㅐ, ㅔ 모음 너무 재밌어요!

재밌었다니 나도 기쁘구나!

어?

우와! **세계 지도**다!

세계 지도

우리나라가
어디 있을까?

찾았다!

대~한민국!

조~용

어? 근데, **시계**가
멈춘 것 같아요.

저런, 건전지를
갈아야겠구나!

폴
짝
!

폴
짝
!

고맙구나, 덕분에 건전지를
갈 수 있게 됐어.

자! 이제 **시계**가
잘 돌아가는구나!

아이쿠! 그러고 보니
미용실 **예약** 시간을 깜빡했네!

다행히,
서둘러 뛰면
예약 시간은
맞추겠어!

너희도 미용실
같이 가지 않을래?
아주 멋지게
만들어 줄 텐데!

저희는
괘···괜찮아요!

그럼 또 놀러오렴.
나는 이만 미용실로!

잘 다녀오세요!

ㅒ, ㅚ, ㅖ

모두 자리로
모여 주시기 바랍니다!

우리도 얼른 들어가자!

끼이~

회의중

음! 음!

안녕하세요!
저는
ㅒ, ㅚ, ㅞ
작품 전시장의
회장입니다.

회장

다 모이셨으니 **회의**를 시작하도록 하겠습니다.

회의

회의 주제는 '전시회 장소 선정'으로 실내와 **야외** 중에서 선택해 주시면 됩니다.

자유롭게 의견을 말씀해 주세요.

날씨가 좋으니까 **야외**에서 전시회를 했으면 좋겠습니다!

65

야외

ㅙ는
ㅗ와 ㅐ를 합쳐

[오 - 애]
[오애]
[왜]

ㅚ는
그냥 외워서

[외]

ㅞ는
ㅜ와 ㅔ를 합쳐

[우 - 에]
[우에]
[웨]

이 세 글자는 소리가 거의 같아.
그래서 같은 소리 [웨]로
발음한다고 기억하면 쉬워.

웨

쓰는 방법은 다르기 때문에
ㅙ, ㅚ, ㅞ도 낱말에 맞게
모음을 잘 구별해서
쓰는 게 중요해!

그럼, 자음에 ㅙ, ㅚ, ㅞ 모음을 합쳐 읽어 보자!

[그], [왜] 두 소리를 **번갈아 점점 빠르게** 말해요!

  괘

[그 - 왜]　　　　　[그왜]　　　　　[괘]

놰	돼	뢔	뫠	봬
[느 - 왜] [느왜] [놰]	[드 - 왜] [드왜] [돼]	[르 - 왜] [르왜] [뢔]	[므 - 왜] [므왜] [뫠]	[브 - 왜] [브왜] [봬]

쇄	왜	좨	쵀
[스 - 왜] [스왜] [쇄]	[왜]	[즈 - 왜] [즈왜] [좨]	[츠 - 왜] [츠왜] [쵀]

쾌	퇘	퐤	홰
[크 - 왜] [크왜] [쾌]	[트 - 왜] [트왜] [퇘]	[프 - 왜] [프왜] [퐤]	[흐 - 왜] [흐왜] [홰]

 배운 대로 따라 읽어 보세요!

[그], [외] 두 소리를 번갈아 점점 빠르게 말해요!

ㄱ ㄱ 괴

[그 - 외]　　　　[그외]　　　　[괴]

뇌	되	뢰	뫼	뵈
[느-외] [느외] [뇌]	[드-외] [드외] [되]	[르-외] [르외] [뢰]	[므-외] [므외] [뫼]	[브-외] [브외] [뵈]

쇠	외	죄	최
[스-외] [스외] [쇠]	[외]	[즈-외] [즈외] [죄]	[츠-외] [츠외] [최]

쾨	퇴	푀	회
[크-외] [크외] [쾨]	[트-외] [트외] [퇴]	[프-외] [프외] [푀]	[흐-외] [흐외] [회]

지도 가이드　ㅇ은 초성에 쓰일 때 소릿값이 없어서 '왜, 외, 웨'는 모음만 읽으면 돼요.　71

ㅙ, ㅚ, ㅞ 는 같은 소리
[웨]로 발음하면 쉬워!

[그], [웨] 두 소리를 **번갈아 점점 빠르게** 말해요!

ㄱ ㅔ
[그 - 웨]

ㄱ ㅔ
[그웨]

궤
[궤]

뉀
[느 - 웨]
[느웨]
[뉀]

뒈
[드 - 웨]
[드웨]
[뒈]

뤠
[르 - 웨]
[르웨]
[뤠]

뭬
[므 - 웨]
[므웨]
[뭬]

붸
[브 - 웨]
[브웨]
[붸]

쉐
[스 - 웨]
[스웨]
[쉐]

웨
[웨]

줴
[즈 - 웨]
[즈웨]
[줴]

췌
[츠 - 웨]
[츠웨]
[췌]

퀘
[크 - 웨]
[크웨]
[퀘]

퉤
[트 - 웨]
[트웨]
[퉤]

풰
[프 - 웨]
[프웨]
[풰]

훼
[흐 - 웨]
[흐웨]
[훼]

72 배운 대로 따라 읽어 보세요!

이어서 ㅙ, ㅚ, ㅞ 모음이 들어간
낱말을 차례대로 읽어 보자!

ㅙ 모음이 들어간 낱말

돼지

횃불

안 돼

왜?

왜가리

괭이

ㅐ, ㅚ, ㅔ는 소리가 거의 같아서 낱말에 맞게
ㅐ, ㅚ, ㅔ를 구별하는 것에 집중하면 돼!

ㅚ 모음이 들어간 낱말

괴물

최고

참외

외계인

자물쇠

열쇠

회사

회오리

뇌

왼쪽

된장

횡단보도

74

ㅞ 모음이 들어간 낱말

웨딩드레스

스웨터

웨이터

훼방

꿰매다

첫 번째!
ㅙ 가 들어간 작품을 소개할게.
작품 제목은 ' **아기 돼지 삼 형제** '

작품 설명

아기 **돼지** 삼 형제가 모여 있어.

횃불을 들고 있는 첫째를 보고
셋째가 **횃불**을 들고 싶다고 말하자
둘째가 **안 돼**라고 말하고 있어.

셋째는 **왜** 안 되는지 궁금해서
왜? 라는 표정을 짓고 있는 작품이야.

워리야, 우리도
조각 작품
따라 해 볼까!
나는 **안 돼**!

나는
왜!

아기 돼지 삼 형제

두 번째!
ㅚ 가 들어간 작품을 소개할게.
작품 제목은 ' **괴물과 외계인** '

**작품
설명**

괴물과 **외계인**이
최고로 좋아하는 것을
들고 있는 모습이야.

괴물은 **참외**를 들고
최고라고 하고 있고

외계인은 **열쇠**와 **자물쇠**를 들고
최고로 신난 모습의 작품이야.

어때? 작품이
엉뚱하면서도
재미있지?

응! 응!

괴물과 외계인

세 번째!
ㅞ 가 들어간 작품을 소개할게.
작품 제목은 '**웨이터의 훼방**'

작품 설명

마지막 작품은
웨딩드레스를 입은 신부가
스웨터를 짜고 있고

장난기 넘치는 **웨이터**가
옆에서 **훼방**을
놓고 있는 작품이야.

웬일이니!
웨이터
장난꾸러기!

지금까지 본 작품들을 기억하면서
과제를 시작해 볼까?

웨이터의 훼방

아기 돼지 삼 형제

괴물과 외계인

웨이터의 훼방

조각 작품으로 문제를 푸니까 너무 재밌고 쉬워!

그래? ㅙ, ㅚ, ㅞ 전시장 **회장**으로서 너무 뿌듯한걸! 어? 내 몸이 왜 이러지?

이럴 수가! **회장**이 조각상이 됐잖아! 내가 모르고 마법을 쓴 건가?

꽈

쾅!

까꿍! 헤헤헤 장난이야. 그럼 정답을 확인해 볼까?

웬일이니~ **회장**! 장난꾸러기!

<아기 돼지 삼 형제> 작품의 달라진 부분 2군데

횃불 → 참외   왜? → 훼방

<괴물과 외계인> 작품의 달라진 부분 2군데

참외 → 왜가리

열쇠 → 횃불

정답

어느 부분이 달라졌나 비교하면서
정답을 확인해 보세요.

<웨이터의 훼방> 작품의 달라진 부분 2군데

스웨터   안 돼   훼방   왜?

과제 성공!

박물관↗

다음 단계는
저 도로를 건너서
박물관으로 가야 해.

박물관↗

차가 다니는 도로니까
진짜 조심해서 건너야 해.

위험해서 그냥
건널 수는 없겠어.

뭔가 방법이
필요해….

외줄타기

좋은 생각이 났어! 가로수에 줄을 매서 **외줄타기**로 건너는 거야. 헤헤

위리 살려!

싫어! 그것도 위험하잖아! 안전제일!

아하! 생각났어! 안전하게 도로를 건너기 위해 필요한 것!

ㅘ, ㅝ

박물관

워리야, 저기가 **박물관** 입구 같아!

맞아!

누구?

박물관 안으로 들어오면 알게 될 거야~

우릴 기다리고 있었나 봐.

어서 안으로 들어가자!

박물관은 처음이라 너무 기대돼!

나도!

정원

먼저,
정원을 소개할게.

무궁화

와! 우리나라 꽃
무궁화잖아!

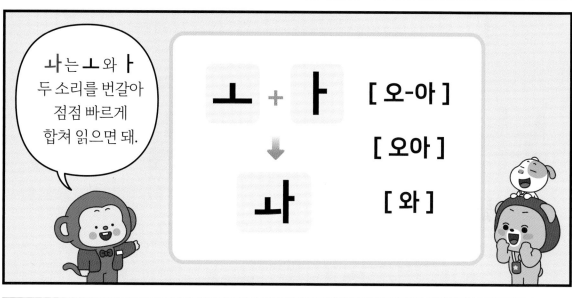

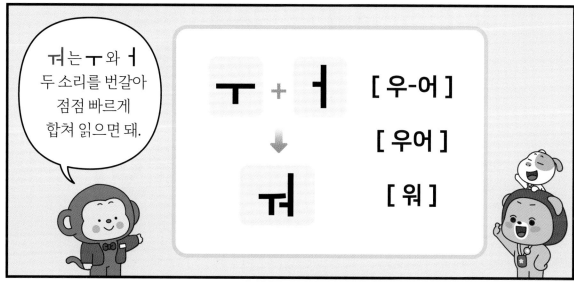

그럼, 자음에 ㅘ, ㅝ 모음을 합쳐 읽어 보자!

[그], [와] 두 소리를 **번갈아 점점 빠르게** 말해요!

ㄱ	ㅘ	ㄱ	ㅘ	과

[그 - 와]　　　　　　[그와]　　　　　　[과]

놔	돠	롸	뫄	봐

[느 - 와]　[드 - 와]　[르 - 와]　[므 - 와]　[브 - 와]
[느와]　　[드와]　　[르와]　　[므와]　　[브와]
[놔]　　　[돠]　　　[롸]　　　[뫄]　　　[봐]

솨	와	좌	촤

[스 - 와]　　[와]　　[즈 - 와]　[츠 - 와]
[스와]　　　　　　　[즈와]　　[츠와]
[솨]　　　　　　　　[좌]　　　[촤]

콰	톼	퐈	화

[크 - 와]　[트 - 와]　[프 - 와]　[흐 - 와]
[크와]　　[트와]　　[프와]　　[흐와]
[콰]　　　[톼]　　　[퐈]　　　[화]

배운 대로 따라 읽어 보세요!

ㄱ ㄱ 귀

[그 - 워]　　　　　[그워]　　　[귀]

뉘	뒤	뤼	뮈	뷔
[느 - 워] [느워] [뉘]	[드 - 워] [드워] [뒤]	[르 - 워] [르워] [뤼]	[므 - 워] [므워] [뮈]	[브 - 워] [브워] [뷔]

쉬	위	쥐	취
[스 - 워] [스워] [쉬]	[워]	[즈 - 워] [즈워] [쥐]	[츠 - 워] [츠워] [취]

퀴	튀	퓌	휘
[크 - 워] [크워] [퀴]	[트 - 워] [트워] [튀]	[프 - 워] [프워] [퓌]	[흐 - 워] [흐워] [휘]

ㅘ, ㅝ 모음을 배웠으니 이제 **관람**을 시작해 볼까!

자, 그럼 전시실로!

황금 왕관

황금 왕관! 이거 진짜 **황금**이야?

물론이지!

머리에 쓰면 무겁겠다.

키득

키득

이번에 소개할 건 자음, 모음부터 시작해서 한글 전체를 **만화**로 가르쳐 준 최초의 한글 **만화책**이야!

난 이 책으로 한글을 뗐거든.

우리도 마법한글딱지로 받침·겹받침까지 뗐어!

으쓱!

와! 대단한걸? 남은 복잡한 모음도 다 익혀서 한글을 완전히 떼길 바랄게!

고마워! 꼭 한글을 뗄게!

다음은
우리나라의
전통 무예인
태권도를
소개할게.

태권도

나 **태권도** 잘하는데!
나 흰 띠야!

워리야!
태극 1장
시작!

얍!

얍!

아래 막기!
몸통 지르기!
방향 바꿔서!

기왓장

얘들아, 뒤에
기왓장 전시물
조심해!

쿵!

와장창!

어떡해!
기왓장이 깨졌어!

헉!

안되겠어!
어서 빨리 마법으로!

이제 모든 **관람**이 끝났어!

처음 구경한 **박물관**인데 너무 재밌고 즐거웠어!

이제 마지막 단계인 **궁궐**로 가면 돼.

궁궐

워리야, 들었어? 드디어 마지막 단계야!

응! 너무 설레여!

자, 받아 나의 특별 선물! **궁궐**로 가는 약도야.

출발

도서관

애견샵

편의점

와플가게

휴게소

꽃가게

과일가게

영화관

옷가게

세탁소

은행

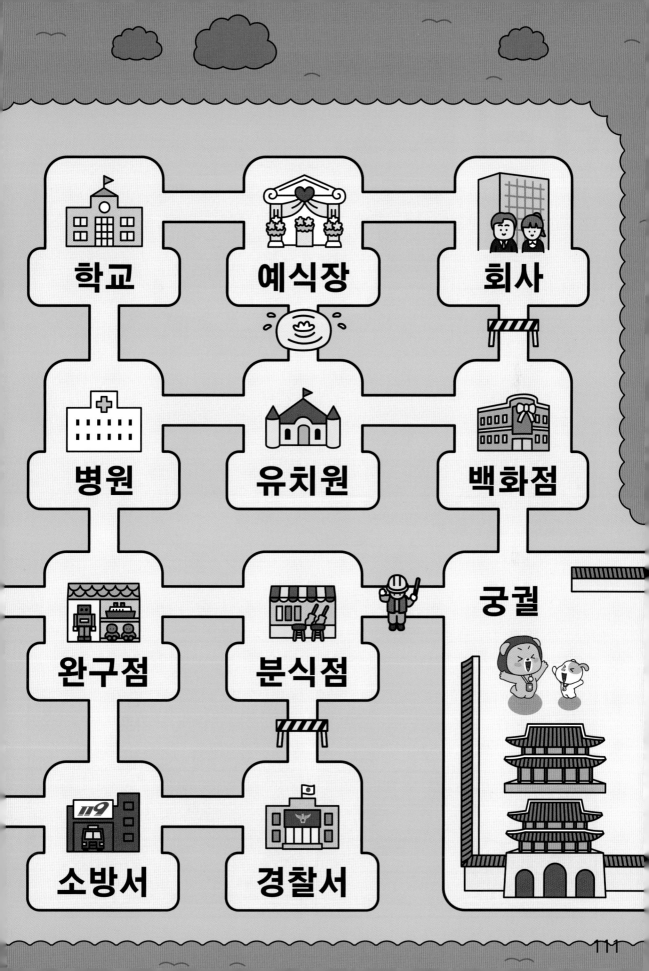

학교

예식장

회사

병원

유치원

백화점

완구점

분식점

궁궐

소방서

경찰서

워리야!
나 노래
진짜 잘하지!

어? 뭐라고?
못 들었어.

뿍!

헤헤, **귀**를 막고 있었네?
내 노래가 그렇게
듣기 싫었니?

귀

좋아!
잘 부른다는
말은 **취소**!

아니!
저것은!

다람쥐들이야!

다람쥐

안녕! 반가워.

나를 따라
오면 돼.

마지막 단계까지 오다니
정말 대단한걸!

그냥 열심히 한 것 뿐인데
좀 쑥스러운걸.

자!
여기가 궁궐이야!

처마며 기둥이며 궁궐에 그려진 **무늬**들이 너무 예쁘고 다양해!

무늬

근데 여긴 뭐하는 곳이야?

여기 궁궐은 세종대왕님이 계시는 곳이야.

진짜? 그럼 여기서 한글을 만드신 거야?

할수있다!

응, 맞아!
우리나라 최고의
위인이시지!

위인[1]

근데 세종대왕님은
어디 계셔?

두리번 두리번

?

지금
퀴즈를
준비하고
계셔.

오늘 이곳에서
마지막 과제인
퀴즈를 볼 거야!

퀴즈

350

1. 위인 : 뛰어나고 훌륭한 사람

여기까지 오는 동안 수없이 많은 **퀴즈**를 풀었지.

미안, 나도 모르게 그만 눈물이….

워리야! 마지막 과제야! 자신 있지?

응!

퀴즈를 잘 풀기 위해서는 ㅟ, ㅢ 모음을 알아야 해.

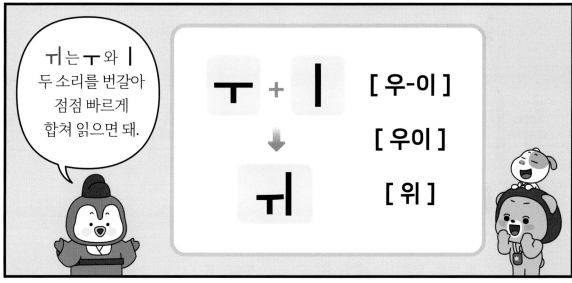

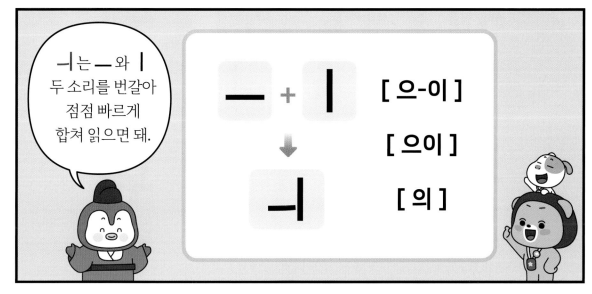

그럼, 자음에 ㅟ, ㅢ 모음을 합쳐 읽어 보자!

[그], [위] 두 소리를 번갈아 점점 빠르게 말해요!

[그 - 위]　　　　　[그위]　　　　　[귀]

뉘	뒤	뤼	뮈	뷔
[느 - 위]	[드 - 위]	[르 - 위]	[므 - 위]	[브 - 위]
[느위]	[드위]	[르위]	[므위]	[브위]
[뉘]	[뒤]	[뤼]	[뮈]	[뷔]

쉬	위	쥐	취
[스 - 위]	[위]	[즈 - 위]	[츠 - 위]
[스위]		[즈위]	[츠위]
[쉬]		[쥐]	[취]

퀴	튀	퓌	휘
[크 - 위]	[트 - 위]	[프 - 위]	[흐 - 위]
[크위]	[트위]	[프위]	[흐위]
[퀴]	[튀]	[퓌]	[휘]

 배운 대로 따라 읽어 보세요!

[그], [의] 두 소리를 **번갈아 점점 빠르게** 말해요!

ㄱ ㅢ ㄱ ㄱㅣ 긔

[그 - 의]　　　　[그의]　　　　[긔]

늬　　　딀　　　릐　　　믜　　　븨

[느 - 의]　[드 - 의]　[르 - 의]　[므 - 의]　[브 - 의]
[느의]　　[드의]　　[르의]　　[므의]　　[브의]
[늬]　　　[딀]　　　[릐]　　　[믜]　　　[븨]

싀　　　의　　　즤　　　칰

[스 - 의]　　[의]　　[즈 - 의]　[츠 - 의]
[스의]　　　　　　[즈의]　　[츠의]
[싀]　　　　　　　[즤]　　　[칰]

킈　　　틔　　　픠　　　희

[크 - 의]　[트 - 의]　[프 - 의]　[흐 - 의]
[크의]　　[트의]　　[프의]　　[흐의]
[킈]　　　[틔]　　　[픠]　　　[희]

지도 가이드　ㅇ은 초성에 쓰일 때 소릿값이 없어서 '위, 의'는 모음만 읽으면 돼요.　125

풍이야, 워리야! 그동안 씩씩하게 잘 지내었느냐?

우와! 세종대왕님!

마지막 단계까지 오다니 너무 장하구나!

워리가 함께해 줘서인걸요!

둘의 **의리**가 정말 대단하구나!

의리

자, 그럼 이제 **퀴즈** 대회를 시작해 볼까!

네!

잠 - 깐!

?

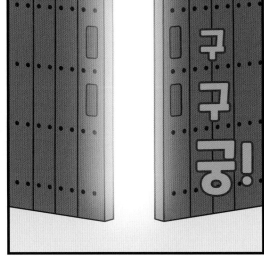

구구궁!

너무 감동이야!

응원 시작!

야! 야! 야 야 야 야 ~

야 야 야 야 ~ 야 야 야 ~ ♪

잘할게요!

준비 됐어요!

첫 번째 문제!

화면에 띄워 주세요.

네~

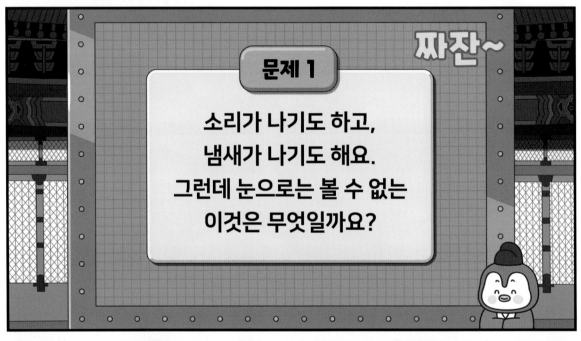

짜잔~

문제 1

소리가 나기도 하고,
냄새가 나기도 해요.
그런데 눈으로는 볼 수 없는
이것은 무엇일까요?

힌트 있나요?

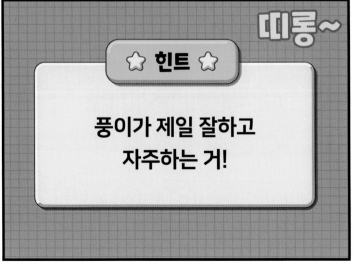

띠롱~

☆ 힌트 ☆

풍이가 제일 잘하고
자주하는 거!

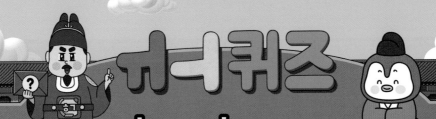
퀴즈를 읽고 빈칸에 ᅱ 또는 ᅴ 모음이 들어간 정답을 써 보아요.

퀴즈 1

소리가 나기도 하고, 냄새가 나기도 해요.
그런데 눈으로는 볼 수 없는 이것은 무엇일까요?

방귀

퀴즈 2

아픈 사람을 치료해 주는 사람이에요.
흰 가운을 입고 진찰도 하고 주사도 놓는
이 사람은 누구일까요?

퀴즈 3

날개가 있고 주로 밤에 활동하는 동물이에요.
쥐처럼 생겼지만 하늘을 날 수 있어요.
이 동물은 무엇일까요?

퀴즈 4

작고 둥글며 갈색 껍질로 덮여 있는 과일이에요.
속은 초록색이고 새콤달콤한 맛이 나요.
이 과일은 무엇일까요?

퀴즈 5

사람들이 앉을 때 사용하는 물건이에요. 등받이와
다리가 있고 책상이나 식탁에 꼭 필요해요.
이 물건은 무엇일까요?

퀴즈 6

기름에 바삭하게 튀긴 음식이에요.
감자, 오징어, 새우 등으로 만들 수 있고
한 입 먹으면 '바삭!' 이 음식은 무엇일까요?

퀴즈 7

종이나 천, 머리카락을 자를 때 사용하는
도구예요. 손잡이를 잡고 손가락을 끼워서
사용해요. 이것은 무엇일까요?

퀴즈 8

자동차나 자전거에 달려 있는 둥근 물체예요.
굴러가면서 탈것을 움직이게 해요.
이것은 무엇일까요?

137

드디어 풍이가 한글의 모든 과정을 마쳤구나!

이제 풍이는

모든 한글을 읽고 쓸 수 있노라!

풍이야! 사람이 되어서 재미있는 책을 읽고 싶어 했던 너의 소원을 들어줄 때가 됐구나!

자, 잠깐만요!

응?

저 사람이 되지 않아도 괜찮아요.

아니 왜?

한글을 깨우쳤으니 이제 어떤 책도 읽을 수 있잖아요!

지금 제 모습이 **귀엽**기도 하고요

귀엽다

우리 풍이
귀엽지!
이제
다 컸구나!

워리야,
응원해 준 모두에게
같이 인사할까?

응!

여기 와 주신
선생님들과
친구들 모두 감사해요.
모두 도와주셔서
한글을 뗄 수
있었어요.

저처럼
한글을 몰랐던
친구들도 **희망**을 가지고
노력하면 한글을 뗄 수
있다는 걸 알려 주고
싶어요.

정답

퀴즈를 모두 풀었나요? 그렇다면 다 같이 정답을 확인해 보아요!

퀴즈 1

소리가 나기도 하고, 냄새가 나기도 해요.
그런데 눈으로는 볼 수 없는 이것은 무엇일까요?

방 귀

퀴즈 2

아픈 사람을 치료해 주는 사람이에요.
흰 가운을 입고 진찰도 하고 주사도 놓는
이 사람은 누구일까요?

의 사

퀴즈 3

날개가 있고 주로 밤에 활동하는 동물이에요.
쥐처럼 생겼지만 하늘을 날 수 있어요.
이 동물은 무엇일까요?

박 쥐

퀴즈 4

작고 둥글며 갈색 껍질로 덮여 있는 과일이에요.
속은 초록색이고 새콤달콤한 맛이 나요.
이 과일은 무엇일까요?

키 위

사람들이 앉을 때 사용하는 물건이에요. 등받이와
다리가 있고 책상이나 식탁에 꼭 필요해요.
이 물건은 무엇일까요?

| 의 | 자 |

기름에 바삭하게 튀긴 음식이에요.
감자, 오징어, 새우 등으로 만들 수 있고
한 입 먹으면 '바삭!' 이 음식은 무엇일까요?

| 튀 | 김 |

종이나 천, 머리카락을 자를 때 사용하는
도구예요. 손잡이를 잡고 손가락을 끼워서
사용해요. 이것은 무엇일까요?

| 가 | 위 |

자동차나 자전거에 달려 있는 둥근 물체예요.
굴러가면서 탈것을 움직이게 해요.
이것은 무엇일까요?

| 바 | 퀴 |

신나는 한글 마법 여행
마법한글딱지
⑤ 복잡한 모음편

글·그림 │ 재미씨

초판 1쇄 발행 │ 2025년 2월 10일

기획·디자인·편집·제작 │ 재미씨

펴낸곳 │ ㈜재미씨

제조국 │ 대한민국

출판등록 │ 제 2016-000094호

전자우편 │ cs@jaemicci.com

홈페이지 │ www.magicddakji.com

주소 │ 06641 서울특별시 서초구 사임당로 90
2층 203호 (서초동)

전화 │ 02-521-1112

팩스 │ 02-521-1113

* 주의사항 : 제품을 입에 물지 않도록 사용 시 주의하시기 바랍니다.
책 모서리에 부딪히거나 종이에 베이지 않도록 주의하세요.

* 잘못 만들어진 책은 구입하신 곳에서 교환해 드립니다.